AF201160

Impressum
Verlag: BABADADA GmbH, Nedderfeld 112 , 22529 Hamburg
Geschäftsführer / Verlagsleitung: Harald Hof
Druck: Books on Demand GmbH, In de Tarpen 42, 22848 Norderstedt

Imprint
Publisher: BABADADA GmbH, Nedderfeld 112 , 22529 Hamburg, Germany
Managing Director / Publishing direction: Harald Hof
Print: Books on Demand GmbH, In de Tarpen 42, 22848 Norderstedt

école

colegio

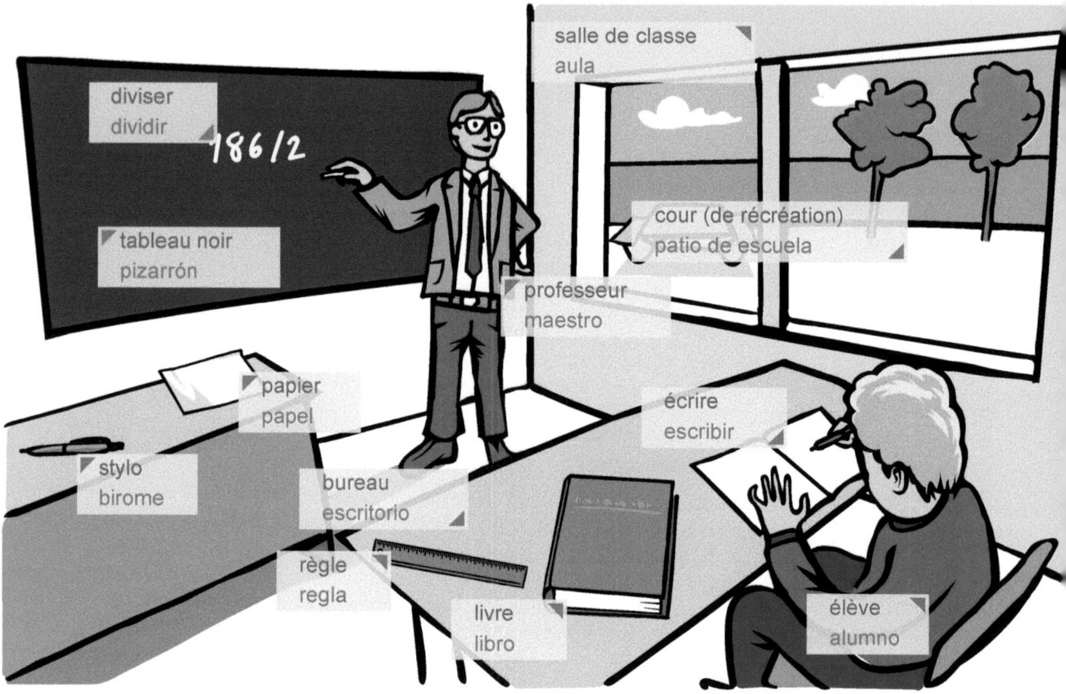
salle de classe
aula
diviser
dividir
186/2
tableau noir
pizarrón
cour (de récréation)
patio de escuela
professeur
maestro
papier
papel
écrire
escribir
stylo
birome
bureau
escritorio
règle
regla
livre
libro
élève
alumno

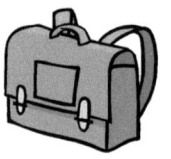

cartable

mochila

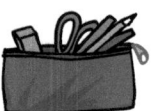

trousse

caja de lápices

crayon

lápiz

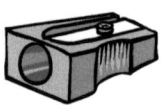

taille-crayon

sacapuntas

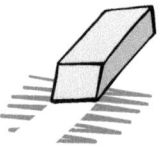

gomme

goma (de borrar)

carnet à dessin

bloc de dibujo

dessin

dibujo

pinceau

pincel

boîte de peinture

caja de pinturas

ciseaux

tijera

colle

pegamento

cahier d'exercices

cuaderno de ejercicios

devoirs

tarea

chiffre

número

additionner

sumar

soustraire

restar

multiplier

multiplicar

calculer

calcular

lettre

letra

alphabet

abecedario

mot

palabra

texte

texto

lire

leer

craie

tiza

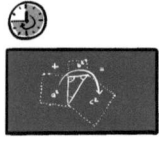

leçon

lección

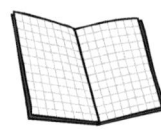

livre de classe

cuaderno de clase

examen

examen

certificat

certificado

uniforme scolaire

uniforme escolar

formation

educación

lexique

enciclopedia

université

universidad

microscope

microscopio

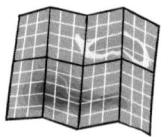

carte

mapa

corbeille à papier

tacho (de basura)

hôtel
hotel

Grand

auberge
hostel

ROOMS

bureau de change
casa de cambio

ÉCHANGE

valise
valija

voiture
auto

langue

idioma

oui / non

sí / no

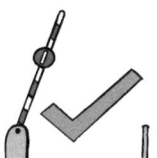

d'accord

Está bien

Salut

hola

interprète

traductor

merci

Gracias

Combien coûte...?

¿cuánto cuesta...?

Je ne comprends pas

No entiendo

problème

problema

Bonsoir !

¡Buenas tardes!

Bonjour !

¡Buenos días!

Bonne nuit !

¡Buenas noches!

Au revoir

adiós

direction

dirección

bagages

equipaje

sac

bolso

sac-à-dos

mochila

hôte

invitado

pièce

habitación

sac de couchage

bolsa de dormir

tente

carpa

office de tourisme

información turística

plage

playa

carte de crédit

tarjeta de crédito

petit-déjeuner

desayuno

déjeuner

almuerzo

dîner

cena

billet

pasaje

ascenseur

ascensor

timbre

sello

frontière

frontera

douane

aduana

ambassade

embajada

visa

visa

passeport

pasaporte

transport
transporte

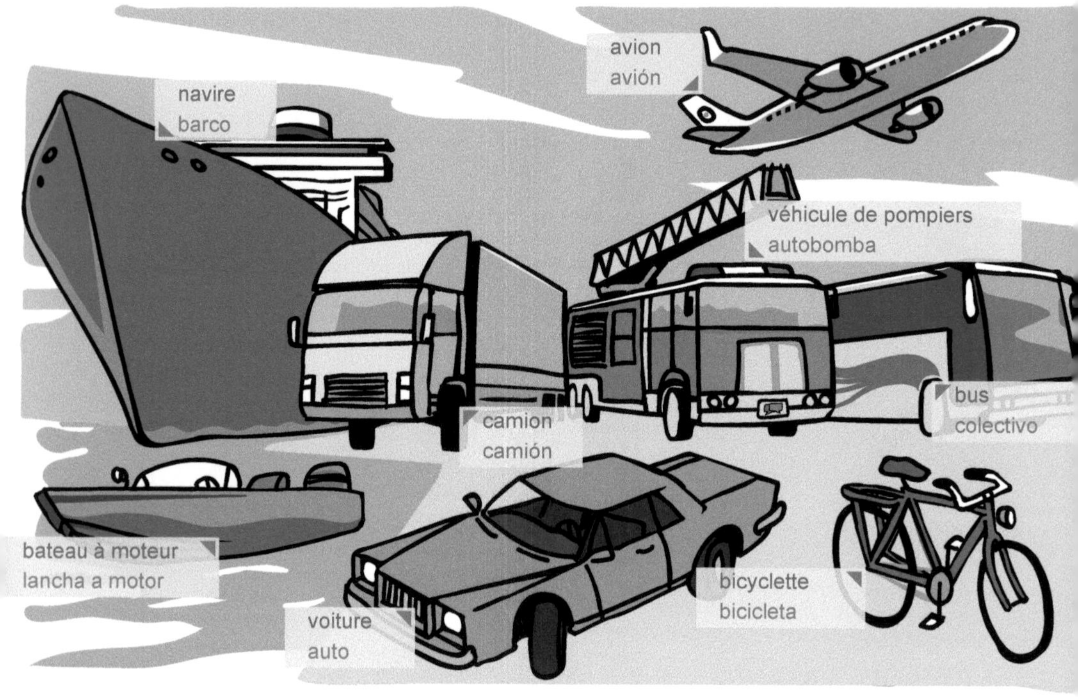
avion
avión
navire
barco
véhicule de pompiers
autobomba
bus
colectivo
camion
camión
bateau à moteur
lancha a motor
bicyclette
bicicleta
voiture
auto

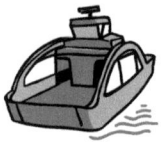

ferry

ferry

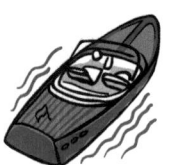

barque

bote

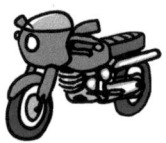

moto

moto

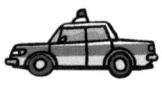

voiture de police

patrullero

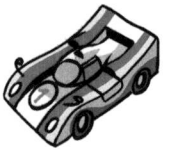

voiture de course

auto de carreras

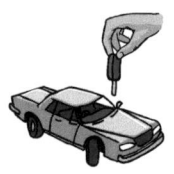

voiture de location

auto de alquiler

auto-partage

alquiler de autos

voiture de remorquage

grúa

benne à ordures

camión de basura

moteur

motor

essence

nafta

station d'essence

estación de servicio

panneau indicateur

señal de tránsito

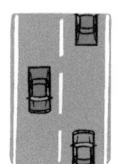

trafic

tránsito

embouteillage

embotellamiento

parking

estacionamiento

gare

estación de tren

rails

vías

train

tren

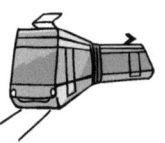

tramway

tranvía

wagon

vagón

hélicoptère

helicóptero

aéroport

aeropuerto

tour

torre

passager

pasajero

conteneur

contenedor

carton

caja de cartón

chariot

carretilla

corbeille

canasta

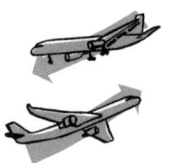

décoller / atterrir

despegar / aterrizar

ville

ciudad

village

pueblo

centre-ville

centro de ciudad

maison

casa

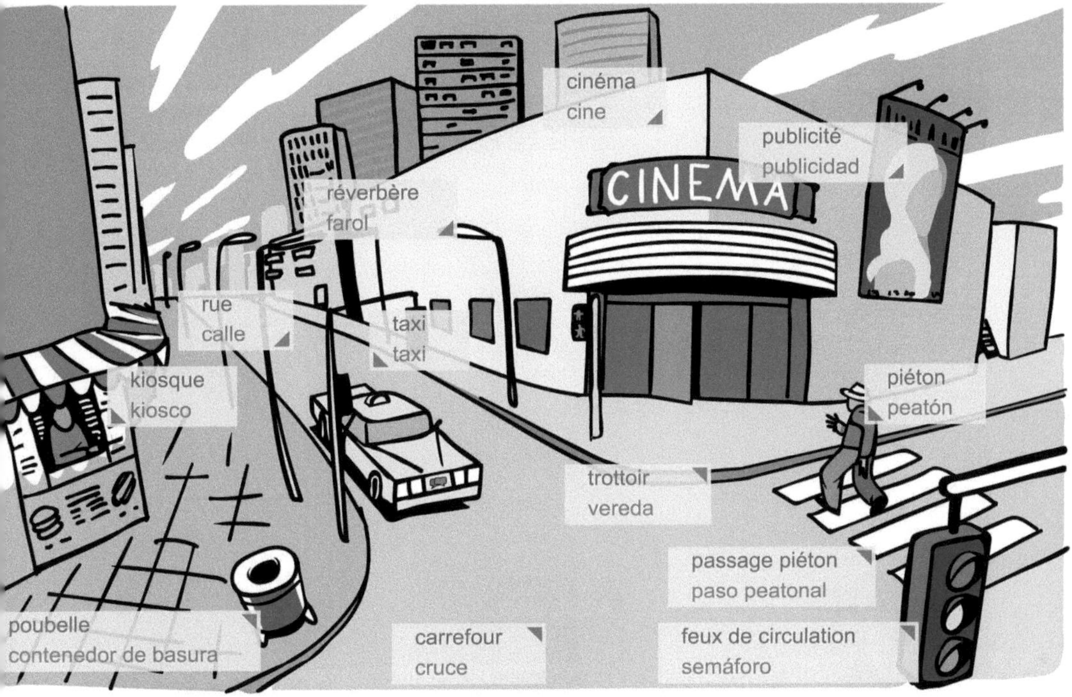

cinéma
cine

publicité
publicidad

réverbère
farol

CINEMA

rue
calle

taxi
taxi

kiosque
kiosco

piéton
peatón

trottoir
vereda

passage piéton
paso peatonal

poubelle
contenedor de basura

carrefour
cruce

feux de circulation
semáforo

cabane
cabaña

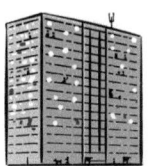

appartement
departamento

gare
estación de tren

mairie
municipalidad

musée
museo

école
colegio

université

universidad

banque

banco

hôpital

hospital

hôtel

hotel

pharmacie

farmacia

bureau

oficina

librairie

librería

magasin

negocio

fleuriste

florería

supermarché

supermercado

marché

mercado

grand magasin

grandes tiendas

poissonnerie

pescadería

centre commercial

centro comercial

port

puerto

parc
parque

banque
banco

pont
puente

escaliers
escaleras

métro
subte

tunnel
túnel

arrêt de bus
parada del colectivo

bar
bar

restaurant
restaurante

boîte à lettres
buzón

panneau indicateur
letrero

parcmètre
parquímetro

zoo
zoológico

piscine
pileta

mosquée
mezquita

ferme
granja

pollution
contaminación

cimetière
cementerio

église
iglesia

aire de jeux
juegos infantiles

temple
templo

paysage
paisaje

feuille
hoja

panneau indicateur
poste indicador

chemin
camino

pré
pradera

pierre
piedra

arbre
árbol

randonneur
excursionista

rivière
río

herbe
hierba

fleur
flor

vallée
valle

montagne
montaña

lac
lago

forêt
bosque

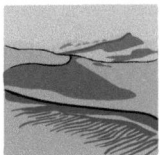

désert
desierto

volcan
volcán

château
castillo

arc-en-ciel
arco iris

champignon
champiñón

palmier
palmera

moustique
mosquito

mouche
mosca

fourmis
hormiga

abeille
abeja

araignée
araña

coléoptère

escarabajo

grenouille

rana

écureuil

ardilla

hérisson

erizo

lièvre

liebre

chouette

lechuza

oiseau

pájaro

cygne

cisne

sanglier

jabalí

cerf

ciervo

élan

alce

barrage

presa

éolienne

aerogenerador

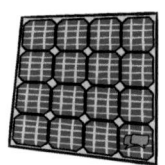

panneau solaire

panel solar

climat

clima

restaurant
restaurante

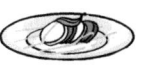

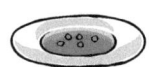

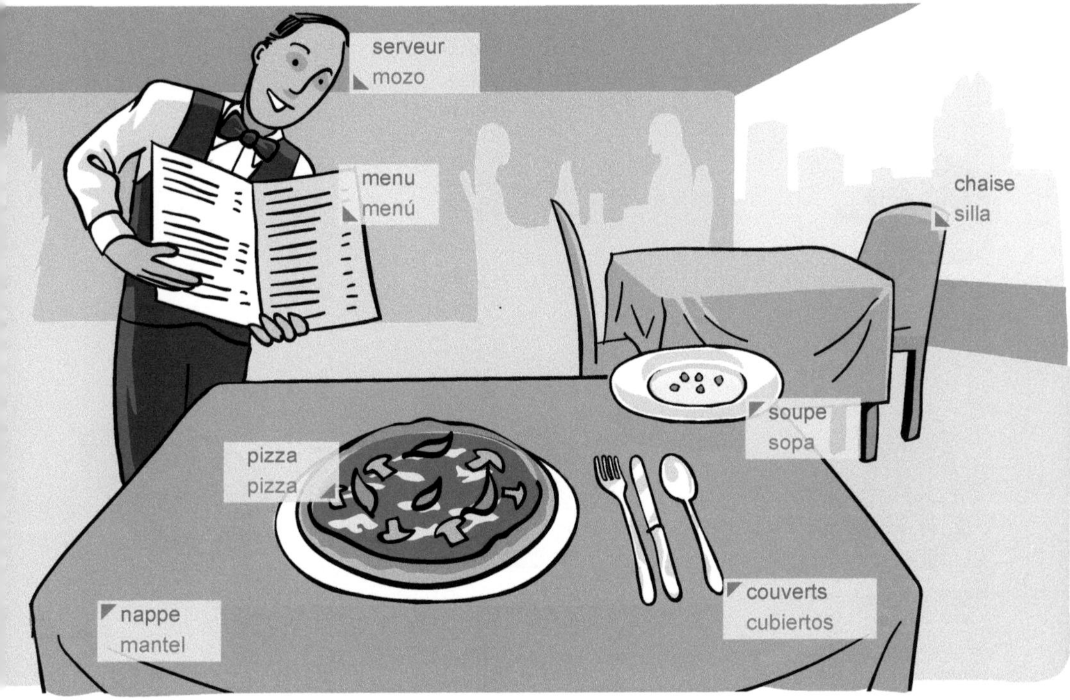

serveur
mozo
menu
menú
chaise
silla
soupe
sopa
pizza
pizza
couverts
cubiertos
nappe
mantel

hors d'œuvre

entrada

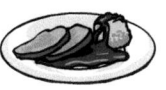

plat principal

plato principal

dessert

postre

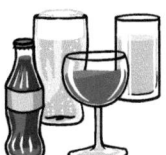

boissons

bebidas

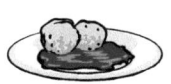

alimentation

comida

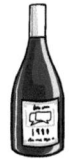

bouteille

botella

fast-food

comida rápida

plats à emporter

comida callejera

théière

tetera

sucrier

azucarera

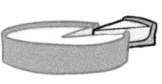

portion

porción

machine à expresso

cafetera expreso

chaise haute

sillita alta

facture

cuenta

plateau

bandeja

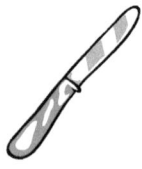

couteau

cuchillo

fourchette

tenedor

cuillère

cuchara

cuillère à thé

cucharita

serviette

servilleta

verre

vaso

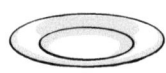

assiette
....
plato

assiette à soupe
....
plato hondo

soucoupe
....
plato

sauce
....
salsa

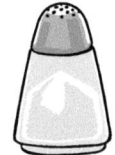

salière
....
salero

moulin à poivre
....
molinillo de pimienta

vinaigre
....
vinagre

huile
....
aceite

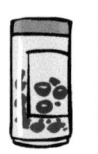

épices
....
especias

ketchup
....
kétchup

moutarde
....
mostaza

mayonnaise
....
mayonesa

supermarché
supermercado

offre promotionnelle
oferta especial
FOR
client
cliente
produits laitiers
lácteos
fruits
fruta
chariot
changuito

BUTCHERS

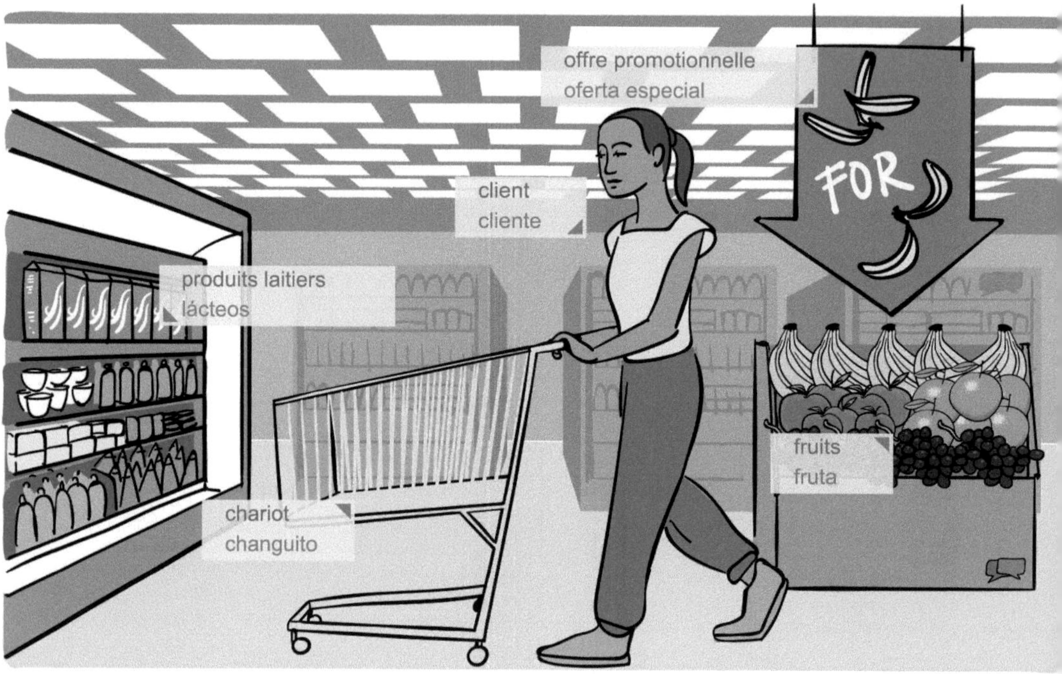

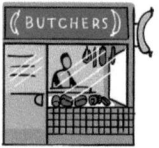

boucherie

carnicería

BAKERY

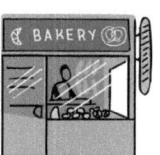

boulangerie

panadería

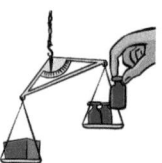

peser

pesar

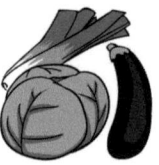

légumes

verduras

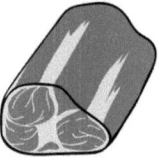

viande

carne

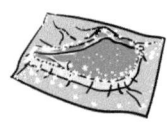

aliments surgelés

alimentos congelados

charcuterie

fiambres

conserves

alimentos enlatados

poudre à lessive

detergente en polvo

bonbons

golosinas

articles ménagers

electrodomésticos

détergents

productos de limpieza

vendeuse

vendedora

caisse

caja

caissier

cajero

liste d'achats

lista de compras

heures d'ouverture

horario de atención

portefeuille

billetera

carte de crédit

tarjeta de crédito

sac

cartera

sac en plastique

bolsa de plástico

eau

agua

jus de fruit

jugo

lait

leche

coca

bebida cola

vin

vino

bière

cerveza

alcool

alcohol

chocolat chaud

cacao

thé

té

café

café

expresso

café expreso

cappuccino

cappuccino

banane

banana

pomme

manzana

orange

naranja

melon

melón

citron

limón

carotte

zanahoria

ail

ajo

bambou

bambú

oignon

cebolla

champignon

champiñón

noisettes

nueces

pâtes

fideos

spaghetti

tallarines

riz

arroz

salade

ensalada

pommes frites

papas fritas

pommes de terre rôties

papas fritas

pizza

pizza

hamburger

hamburguesa

sandwich

sándwich

escalope

churrasco

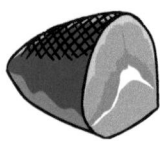

jambon

jamón

salami

salame

saucisse

salchicha

poulet

pollo

rôti

asado

poisson

pescado

alimentation - comida

flocons d'avoine

copos de avena

muesli

muesli

cornflakes

copos de maíz

farine

harina

croissant

medialuna

petits-pains

pancito

pain

pan

pain grillé

tostada

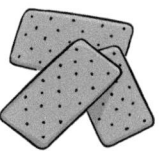

biscuits

galletitas

beurre

manteca

le fromage blanc

cuajada

gâteau

torta

œuf

huevo

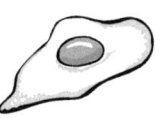

œuf au plat

huevo frito

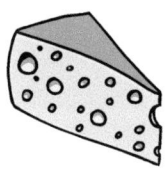

fromage

queso

glace

helado

sucre

azúcar

miel

miel

confiture

mermelada

crème nougat

pasta de chocolate

curry

curry

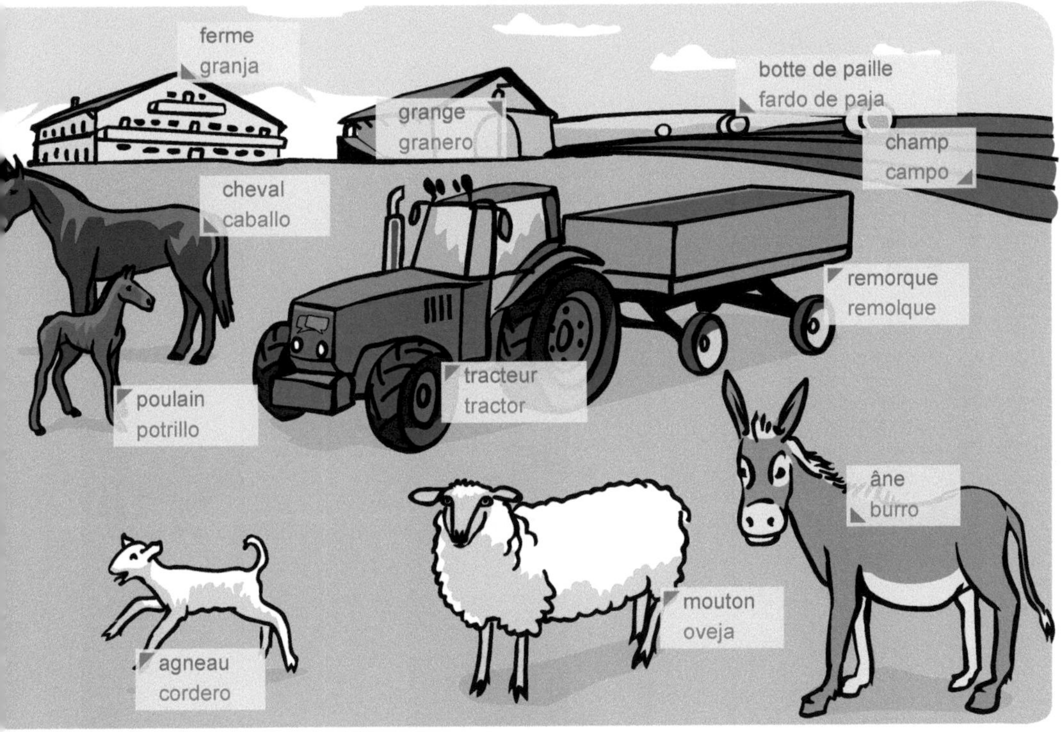

ferme
granja

botte de paille
fardo de paja

grange
granero

champ
campo

cheval
caballo

remorque
remolque

tracteur
tractor

poulain
potrillo

âne
burro

mouton
oveja

agneau
cordero

chèvre

cabra

vache

vaca

veau

ternero

porc

cerdo

porcelet

lechón

taureau

toro

oie

ganso

canard

pato

poussin

pollo

poule

gallina

coq

gallo

rat

rata

chat

gato

souris

ratón

bœuf

buey

chien

perro

chenil

cucha

tuyau de jardin

manguera

arrosoir

regadera

faucheuse

guadaña

charrue

arado

faucille
hoz

pioche
azada

fourche
horquilla

hache
hacha

brouette
carretilla

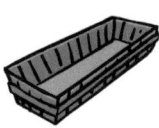

cuve
abrevadero

pot à lait
lechera

sac
bolsa

clôture
reja

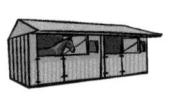

étable
establo

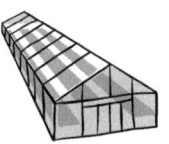

serre
invernadero

sol
suelo

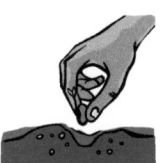

semences
semilla

engrais
fertilizador

moissonneuse-batteuse
cosechadora

récolter

cosechar

récolte

cosecha

igname

batatas

blé

trigo

soja

soja

pomme de terre

papa

maïs

maíz

colza

semilla de colza

arbre fruitier

árbol frutal

manioc

mandioca

céréales

cereales

maison

casa

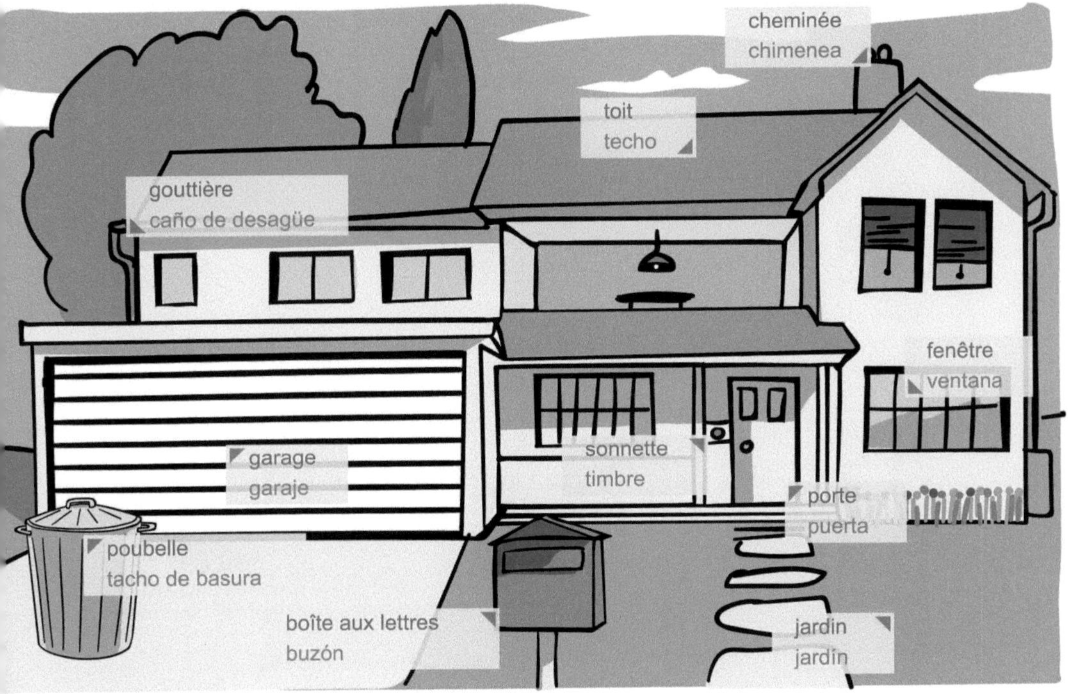

cheminée
chimenea
toit
techo
gouttière
caño de desagüe
fenêtre
ventana
sonnette
timbre
garage
garaje
porte
puerta
poubelle
tacho de basura
boîte aux lettres
buzón
jardin
jardín

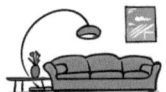

salon

living

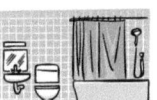

salle de bain

baño

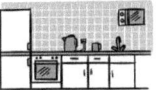

cuisine

cocina

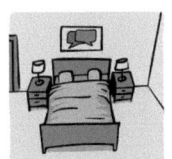

chambre à coucher

dormitorio

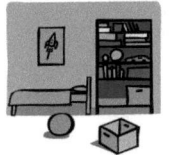

chambre d'enfant

cuarto de los chicos

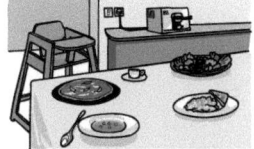

salle à manger

comedor

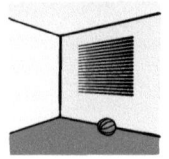

sol

piso

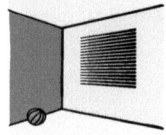

mur

pared

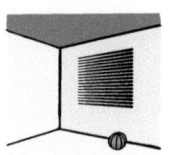

plafond

cielorraso

cave

sótano

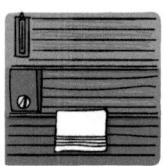

sauna

sauna

balcon

balcón

terrasse

terraza

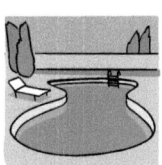

piscine

pileta

tondeuse à gazon

cortadora de pasto

housse

sábana

couette

acolchado

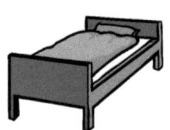

lit

cama

balai

escoba

sceau

balde

interrupteur

interruptor

salon
living

papier peint
empapelado
image
imagen
lampe
lámpara
étagère
estante
armoire
armario
télé
televisión
cheminée
chimenea
fleur
flor
coussin
almohadón
sofa
sofá
vase
florero
télécommande
control remoto

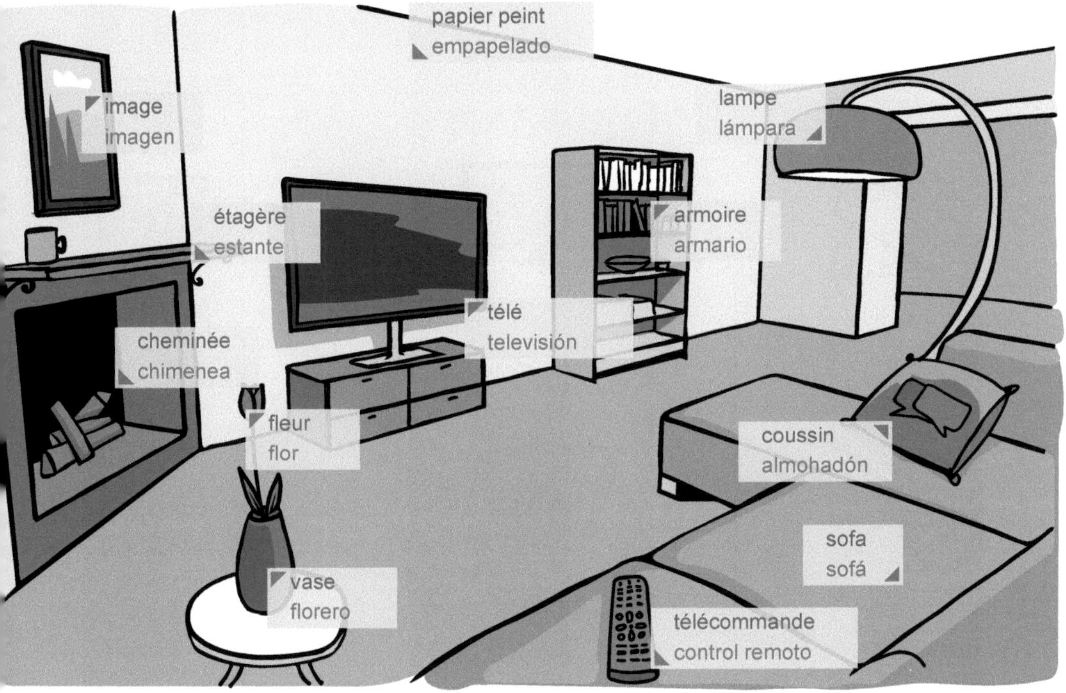

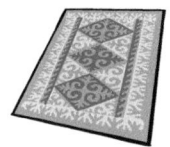

tapis

alfombra

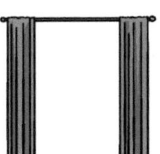

rideau

cortina

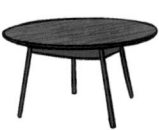

table

mesa

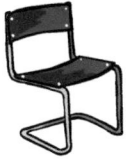

chaise

silla

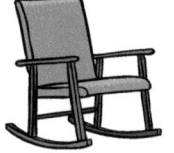

chaise à bascule

mecedora

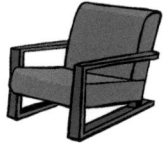

fauteuil

sillón

livre
libro

couverture
frazada

décoration
decoración

bois de chauffage
leña

film
película

chaîne hi-fi
equipo de música

clé
llave

journal
diario

peinture
pintura

poster
póster

radio
radio

bloc-notes
cuaderno

aspirateur
aspiradora

cactus
cactus

bougie
vela

cuisine

cocina

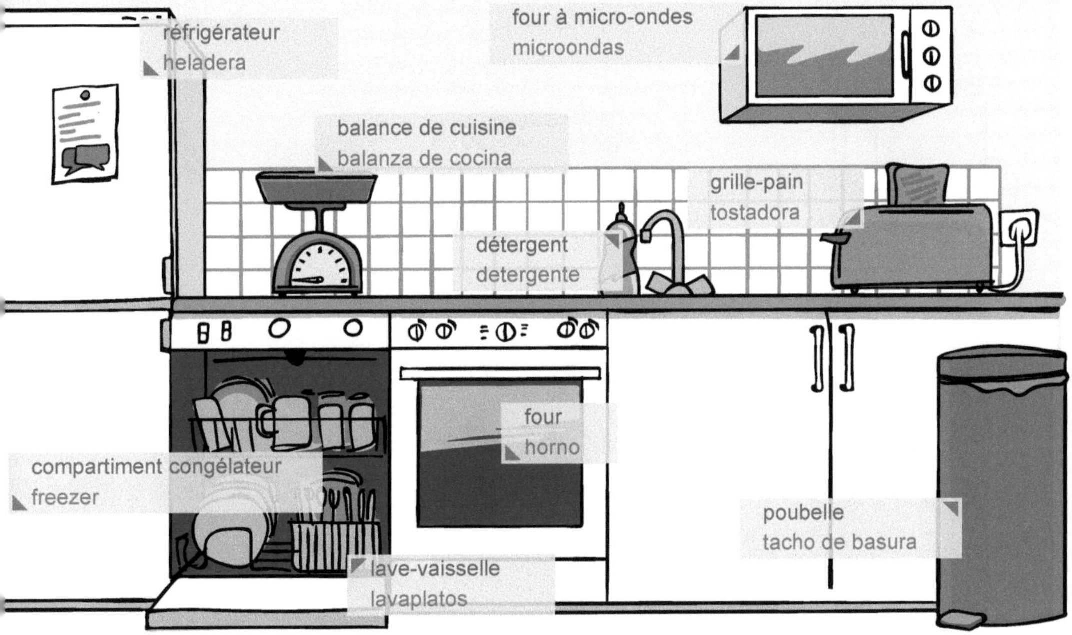

réfrigérateur
heladera
four à micro-ondes
microondas
balance de cuisine
balanza de cocina
grille-pain
tostadora
détergent
detergente
four
horno
compartiment congélateur
freezer
poubelle
tacho de basura
lave-vaisselle
lavaplatos

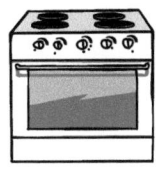

four

cocina

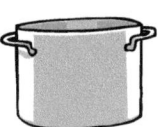

casserole

olla

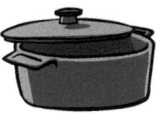

marmite

olla de hierro fundido

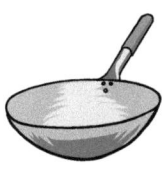

wok / kadai

wok

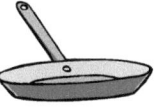

poêle

sartén

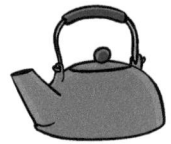

bouilloire electrique

pava

cuiseur vapeur

vaporera

plaque de cuisson

bandeja de horno

vaisselle

vajilla

gobelet

taza

coupe

bol

baguettes

palitos

louche

cucharón

spatule

estpátula

fouet

batidora

passoire

colador

tamis

colador

râpe

rallador

mortier

mortero

barbecue

parrilla

cheminée

fogata

planche à découper

tabla de picar

rouleau à pâtisserie

palo de amasar

tire-bouchon

sacacorchos

boîte

lata

ouvre-boîte

abrelatas

maniques

manopla

lavabo

pileta

brosse

cepillo

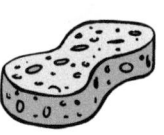

éponge

esponja

mixeur

batidora

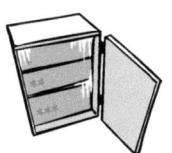

congélateur

congelador

biberon

mamadera

robinet

canilla

salle de bain
baño

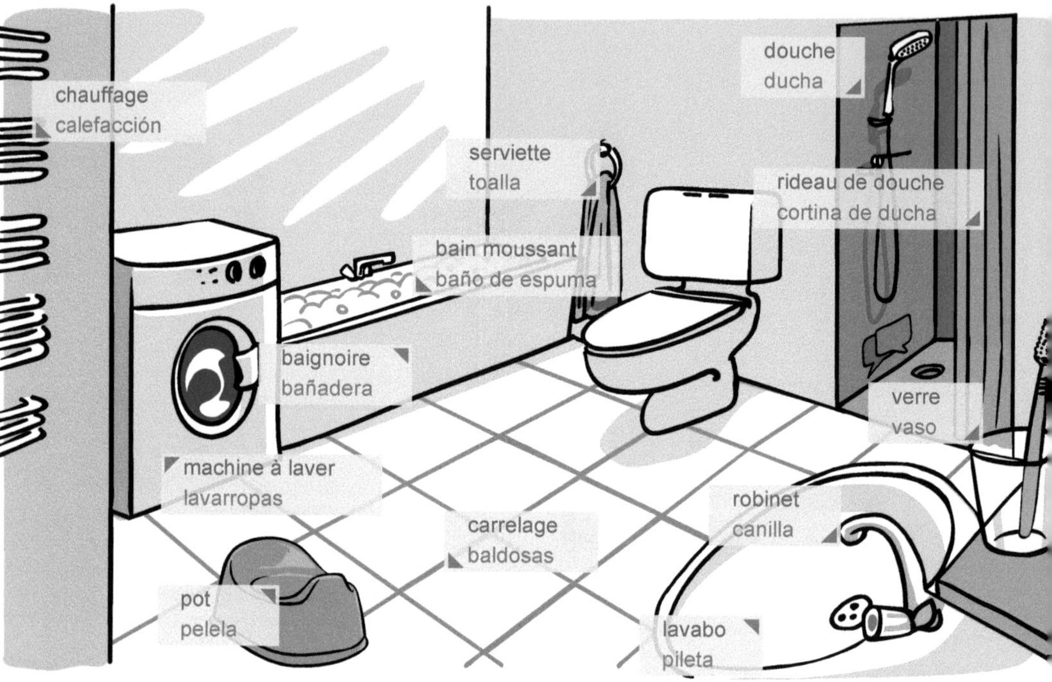

chauffage
calefacción
douche
ducha
serviette
toalla
rideau de douche
cortina de ducha
bain moussant
baño de espuma
baignoire
bañadera
verre
vaso
machine à laver
lavarropas
robinet
canilla
carrelage
baldosas
pot
pelela
lavabo
pileta

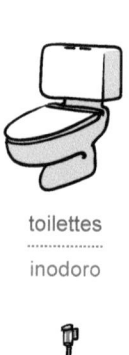

toilettes
inodoro

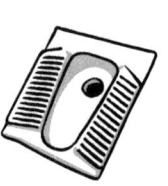

toilette à la turque
letrina

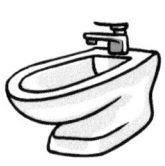

bidet
bidé

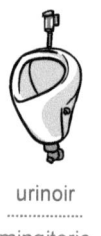

urinoir
mingitorio

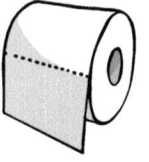

papier toilette
papel higiénico

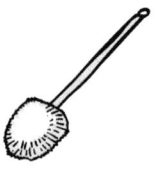

brosse à toilette
cepillo para el inodoro

brosse à dents

cepillo de dientes

dentifrice

dentífrico

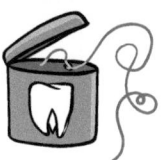

fil dentaire

hilo dental

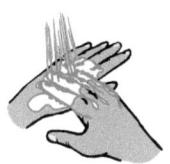

laver

lavar

douche manuelle

ducha de mano

douche intime

ducha higiénica

vasque

palangana

brosse dorsale

cepillo para espalda

savon

jabón

gel douche

gel de ducha

shampooing

shampoo

gant de toilette

toallita

écoulement

desagüe

crème

crema

déodorant

desodorante

miroir

espejo

miroir cosmétique

espejito

rasoir

maquinita de afeitar

mousse à raser

espuma de afeitar

après-rasage

aftershave

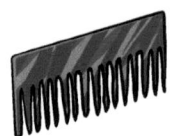

peigne

peine

brosse

cepillo

sèche-cheveux

secador de pelo

laque pour cheveux

spray

fond de teint

maquillaje

rouge à lèvres

lápiz de labios

vernis à ongles

esmalte para uñas

ouate

algodón

coupe-ongles

tijera para uñas

parfum

perfume

trousse de toilette

portacosméticos

tabouret

banqueta

pèse-personne

balanza

peignoir

bata

gants de nettoyage

guantes de goma

tampon

tampón

serviettes hygiéniques

toallita femenina

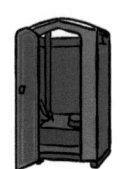

toilette chimique

baño químico

chambre d'enfant

cuarto de los chicos

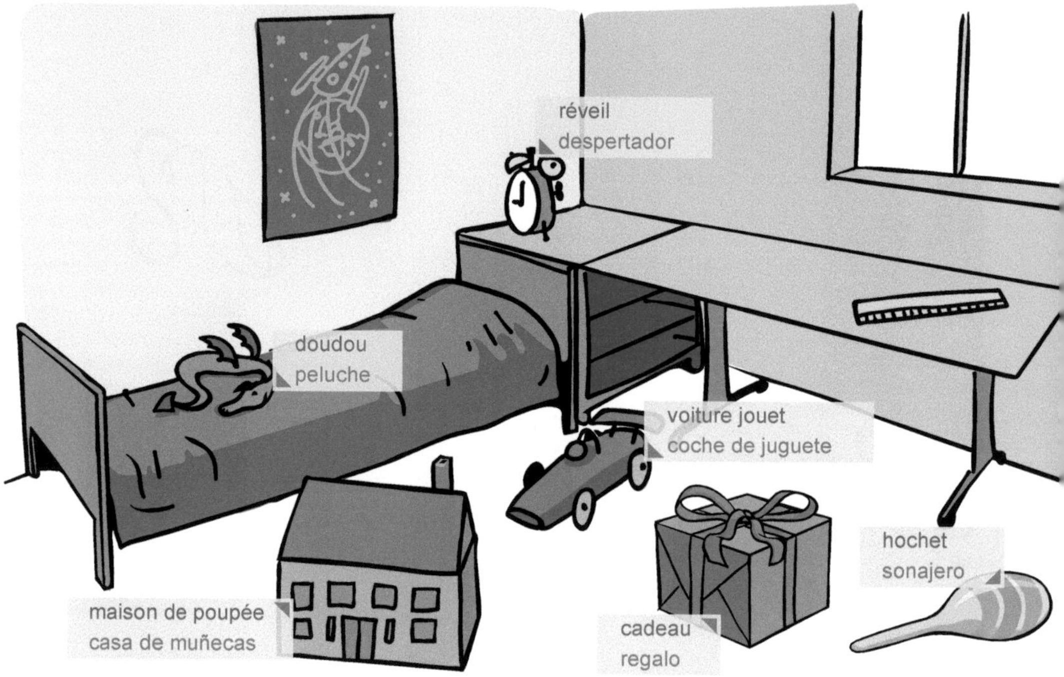
réveil
despertador
doudou
peluche
voiture jouet
coche de juguete
hochet
sonajero
maison de poupée
casa de muñecas
cadeau
regalo

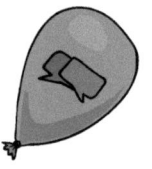

ballon

globo

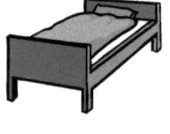

lit

cama

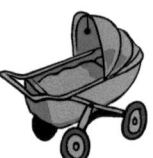

poussette

cochecito

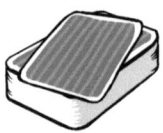

jeu de cartes

cartas

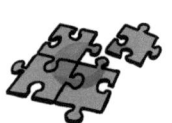

puzzle

rompecabezas

SUPER
MEGA

bande dessinée

historieta

pièces lego

piezas de lego

blocs de construction

ladrillos de juguete

figurine

figura de acción

grenouillère

enterito (de bebé)

frisbee

frisbee

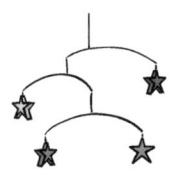

mobile

móvil para bebés

jeu de société

juego de mesa

dé

dados

train miniature

tren eléctrico

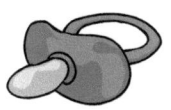

sucette

chupete

fête

fiesta

livre d'images

libro de cuentos ilustrado

balle

pelota

poupée

muñeca

jouer

jugar

bac à sable
arenero

balançoire
hamaca

jouets
juguetes

console de jeu
consola de videojuegos

tricycle
triciclo

ours en peluche
osito de peluche

armoire
armario

chaussettes
medias

bas
medias panty

collant
calzas

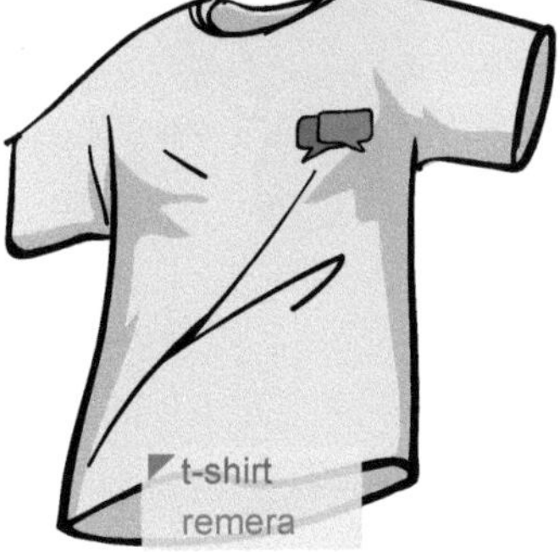

écharpe
bufanda

ceinture
cinturón

parapluie
paraguas

t-shirt
remera

baskets
zapatillas

bottes
botas

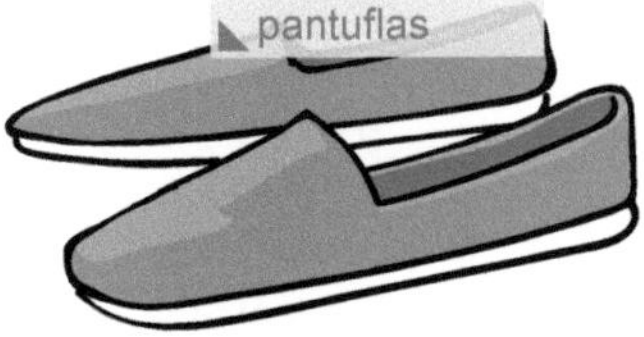

pantoufles
pantuflas

sandales
·················
sandalias

chaussures
·················
zapatos

bottes de caoutchouc
·················
botas de goma

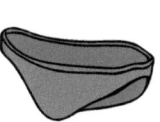

sous-vêtements
·················
ropa interior

soutien-gorge
·················
corpiño

maillot de corps
·················
chaleco

body
body

pantalon
pantalones

jean
jeans

jupe
pollera

chemisier
blusa

chemise
camisa

pull
pulóver

sweat à capuche
buzo

veste
blazer

veste
campera

manteau
tapado

imperméable
piloto

costume
traje

robe
vestido

robe de mariée
vestido de novia

costume

traje

chemise de nuit

camisón

pyjama

pijama

sari

sari

foulard

pañuelo para cabeza

turban

turbante

burqa

burka

caftan

caftán

abaya

abaya

maillot de bain

traje de baño

maillot de bain

short de baño

short

shorts

tenue d'entraînement

jogging

tablier

delantal

gants

guantes

bouton

botón

lunettes

anteojos

bracelet

pulsera

collier

collar

bague

anillo

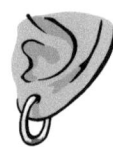

boucle d'oreille

aro

bonnet

gorra

cintre

percha

chapeau

sombrero

cravate

corbata

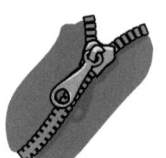

fermeture éclair

cierre

casque

casco

bretelles

tiradores

uniforme scolaire

uniforme escolar

uniforme

uniforme

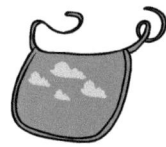

bavoir

babero

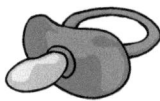

sucette

chupete

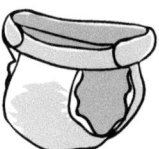

lange

pañal

bureau
oficina

serveur
servidor
armoire d'archivage
archivero
imprimante
impresora
écran
monitor
papier
papel
souris
mouse
bureau
escritorio
classeur
carpeta
clavier
teclado
corbeille à papier
tacho (de basura)
chaise
silla
ordinateur
computadora

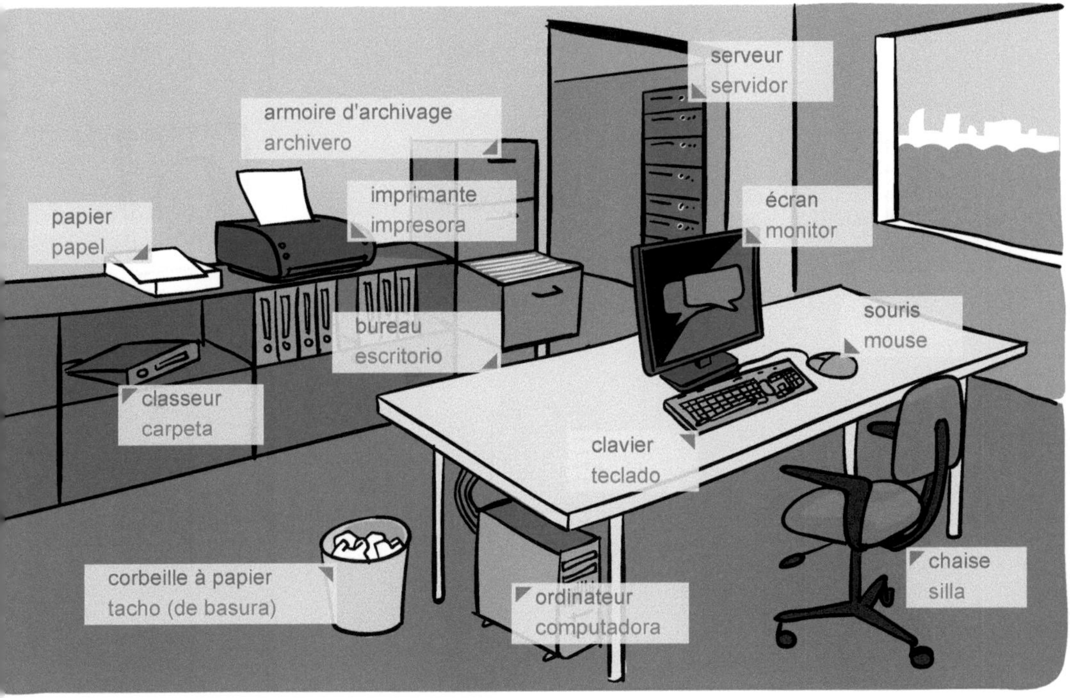

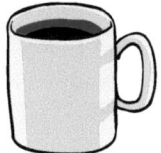

tasse de café

taza de café

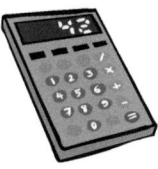

calculatrice

calculadora

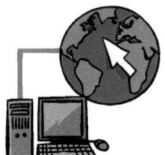

internet

internet

ordinateur portable

laptop

lettre

carta

message

mensaje

portable

celular

réseau

red

photocopieuse

fotocopiadora

logiciel

software

téléphone

teléfono

prise

tomacorriente

fax

fax

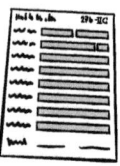

formulaire

formulario

document

documento

acheter

comprar

payer

pagar

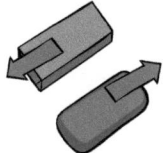

faire du commerce

hacer negocios

monnaie

dinero

dollar

dólar

euro

euro

yen

yen

rouble

rublo

franc suisse

franco suizo

renminbi yuan

yuan

roupie

rupia

distributeur automatique

cajero automático

bureau de change

casa de cambio

or

oro

argent

plata

pétrole

petróleo

énergie

energía

prix

precio

contrat

contrato

taxe

impuesto

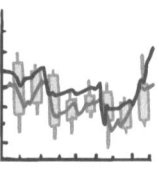

action

acción

travailler

trabajar

employé

empleado

employeur

empleador

usine

fábrica

magasin

negocio

professions
ocupaciones

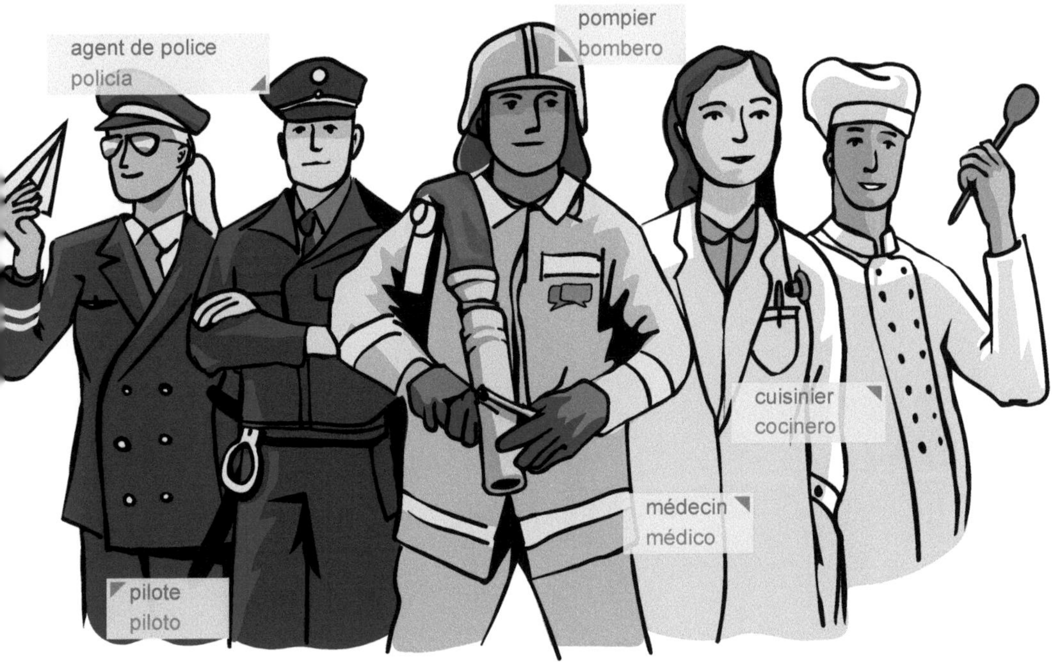

agent de police
policía
pompier
bombero
cuisinier
cocinero
médecin
médico
pilote
piloto

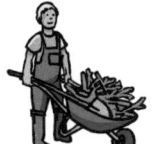

jardinier

jardinero

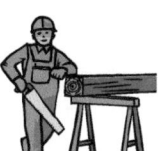

menuisier

carpintero

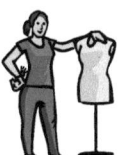

couturière

modista

juge

juez

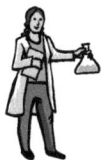

chimiste

farmacéutico

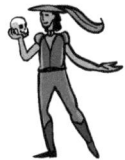

acteur

actor

conducteur de bus

colectivero

chauffeur de taxi

taxista

pêcheur

pescador

femme de ménage

mucama

couvreur

techista

serveur

mozo

chasseur

cazador

peintre

pintor

boulanger

panadero

électricien

electricista

ouvrier

albañil

ingénieur

ingeniero

boucher

carnicero

plombier

plomero

facteur

cartero

soldat

soldado

architecte

arquitecto

caissier

cajero

fleuriste

florista

coiffeur

peluquero

contrôleur

cobrador

mécanicien

mecánico

capitaine

capitán

dentiste

dentista

scientifique

científico

rabbin

rabino

imam

imán

moine

monje

prêtre

sacerdote

outils
herramientas

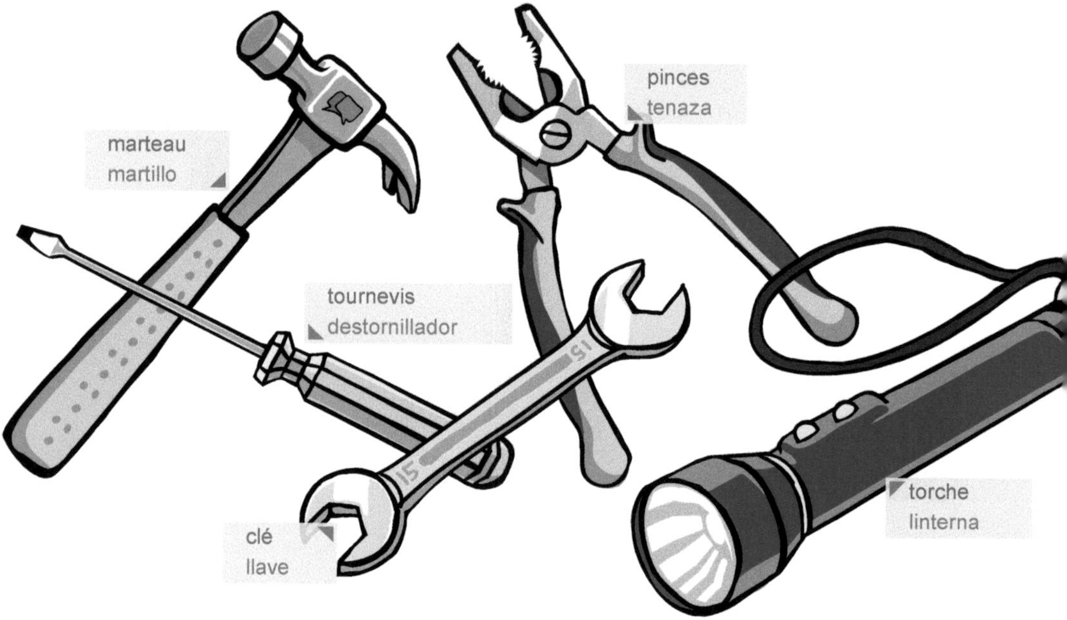
marteau
martillo
pinces
tenaza
tournevis
destornillador
clé
llave
torche
linterna

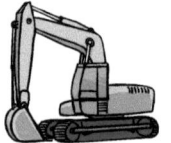

pelleteuse
excavadora

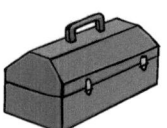

boîte à outils
caja de herramientas

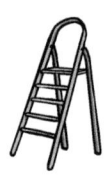

échelle
escalera portátil

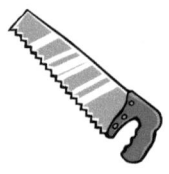

scie
sierra

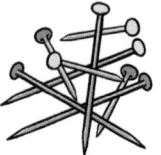

clous
clavos

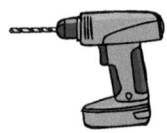

perceuse
taladro

réparer
arreglar

pelle
pala de jardín

Mince !
¡Qué bronca!

pelle
pala de plástico

pot de peinture
tacho de pintura

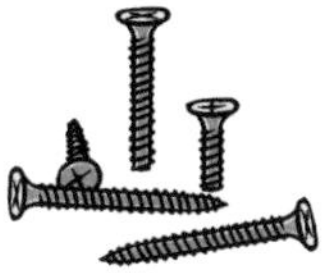

vis
tornillos

instruments de musique
instrumentos musicales

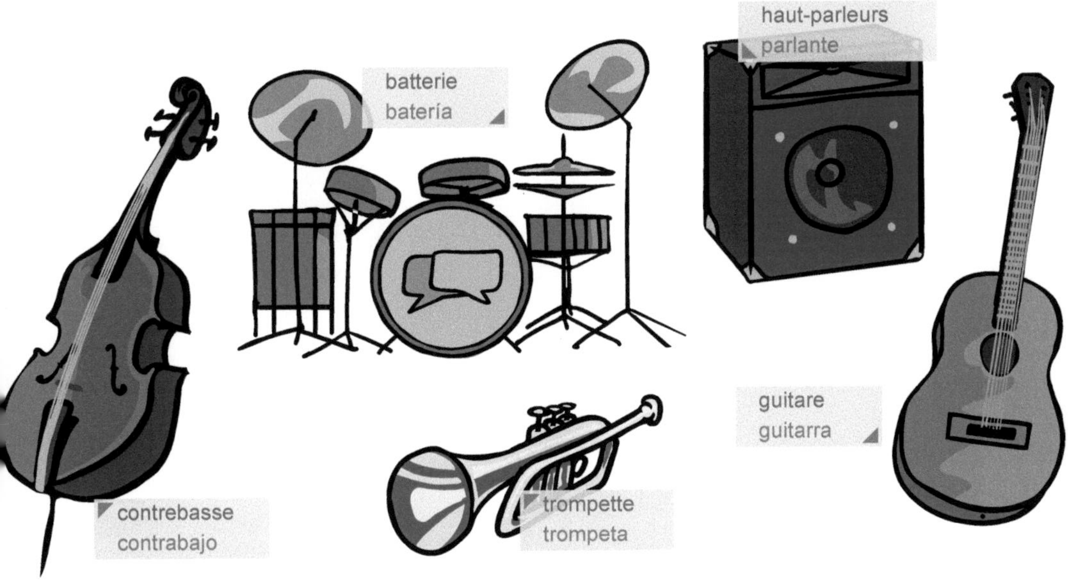

haut-parleurs
parlante

batterie
batería

guitare
guitarra

contrebasse
contrabajo

trompette
trompeta

piano

piano

violon

violín

basse

bajo

timbales

timbales

tambour

tambor

piano électrique

teclado

saxophone

saxofón

flûte

flauta

microphone

micrófono

zoo

zoológico

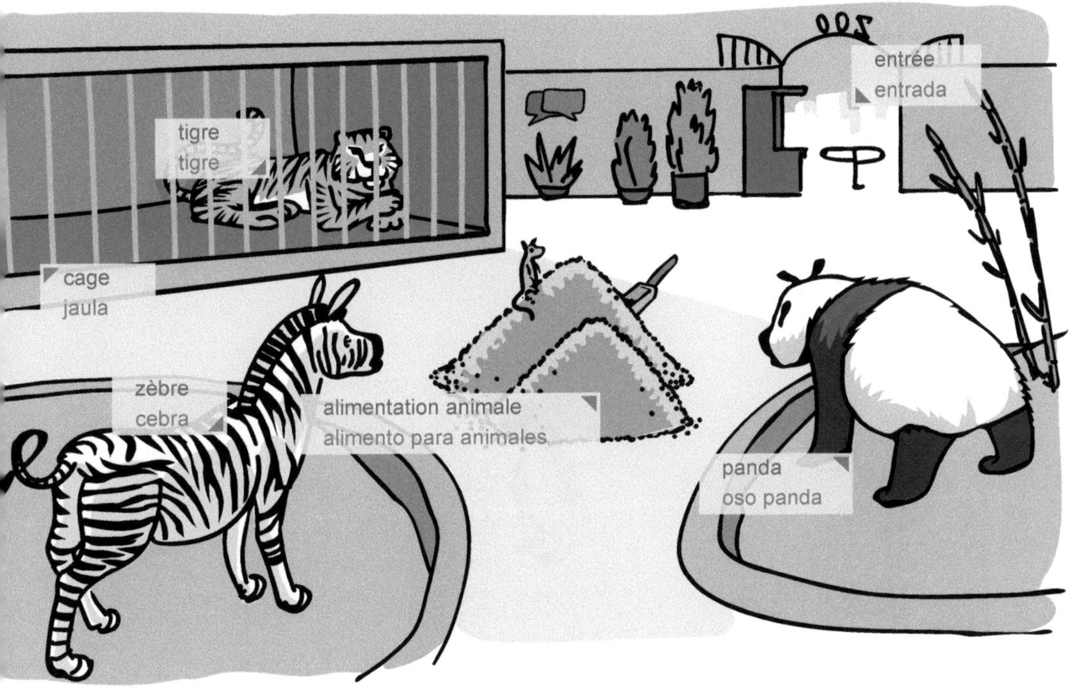
zoo
entrée
entrada
tigre
tigre
cage
jaula
zèbre
cebra
alimentation animale
alimento para animales
panda
oso panda

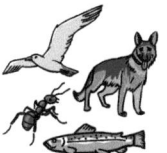

animaux

animales

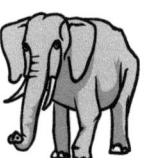

éléphant

elefante

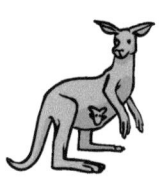

kangourou

canguro

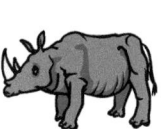

rhinocéros

rinoceronte

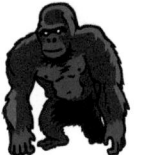

gorille

gorila

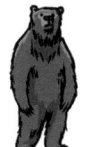

ours

oso

chameau

camello

autruche

avestruz

lion

león

singe

mono

flamand rose

flamenco

perroquet

loro

ours polaire

oso polar

pingouin

pingüino

requin

tiburón

paon

pavo real

serpent

serpiente

crocodile

cocodrilo

gardien de zoo

cuidador del zoológico

phoque

foca

jaguar

jaguar

zoo - zoológico

poney

poni

léopard

leopardo

hippopotame

hipopótamo

girafe

jirafa

aigle

águila

sanglier

jabalí

poisson

pescado

tortue

tortuga

morse

morsa

renard

zorro

gazelle

gacela

zoo - zoológico

american Football
fútbol americano

cyclisme
ciclismo

tennis
tenis

basket-ball
básquet

natation
natación

boxe
boxeo

hockey sur glace
hockey sobre hielo

football
fútbol

badminton
bádminton

athlétisme
atletismo

handball
handball

ski
esquí

polo
polo

sauter
saltar

rire
reír

embrasser
abrazar

marcher
caminar

chanter
cantar

rêver
soñar

prier
rezar

faire la bise
besar

écrire
escribir

dessiner
dibujar

montrer
mostrar

pousser
presionar

donner
dar

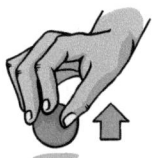

prendre
tomar

avoir
tener

faire
hacer

être
ser

être debout
estar parado

courir
correr

trier
tirar

jeter
tirar

tomber
caer

être couché
estar acostado

attendre
esperar

porter
llevar

être assis
estar sentado

s'habiller
vestirse

dormir
dormir

se réveiller
despertar

regarder
mirar

pleurer
llorar

caresser
acariciar

peigner
peinar

parler
hablar

comprendre
entender

demander
preguntar

écouter
escuchar

boire
beber

manger
comer

ranger
ordenar

aimer
amar

cuire
cocinar

conduire
manejar

voler
volar

activités - actividades

faire de la voile

navegar

calculer

calcular

lire

leer

apprendre

aprender

travailler

trabajar

se marier

casarse

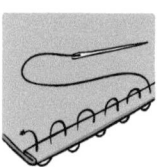

coudre

coser

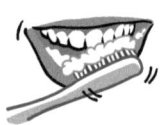

brosser les dents

cepillarse los dientes

tuer

matar

fumer

fumar

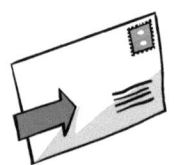

envoyer

enviar

grand-mère
abuela

grand-père
abuelo

père
padre

mère
madre

bébé
bebé

fille
hija

fils
hijo

hôte

invitado

tante

tía

oncle

tío

frère

hermano

sœur

hermana

corps

cuerpo

front
frente
œil
ojo
épaule
hombro
doigt
dedo
visage
cara
menton
pera
main
mano
jambe
pierna
poitrine
pecho
bras
brazo

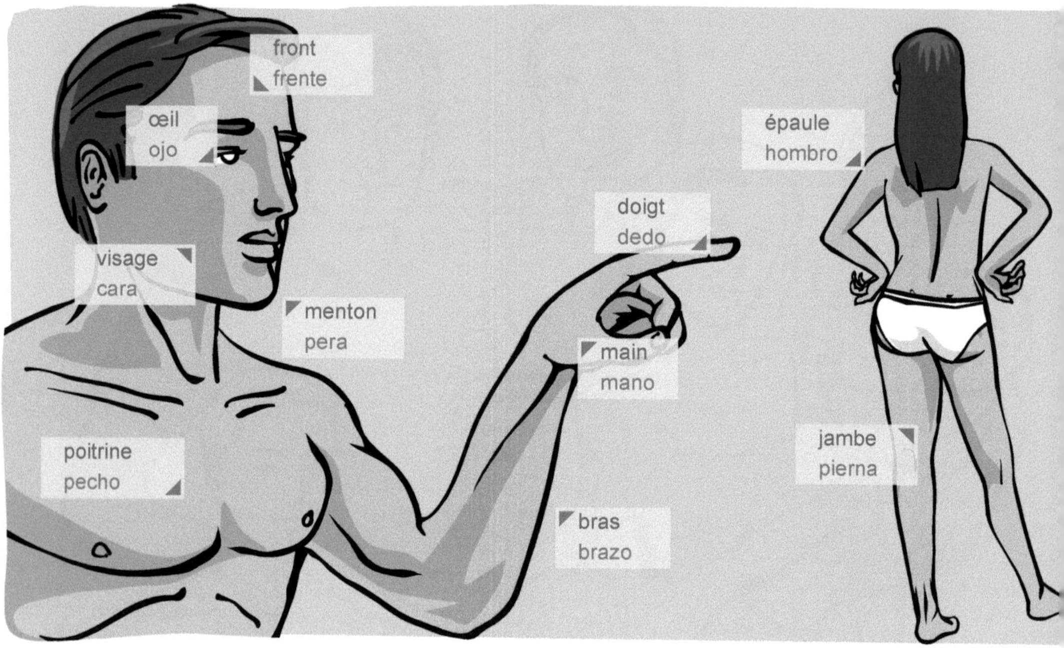

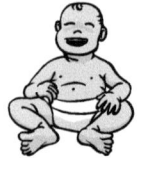

bébé

bebé

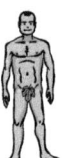

homme

hombre

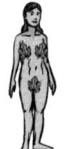

femme

mujer

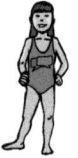

fille

nena

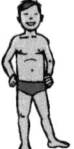

garçon

nene

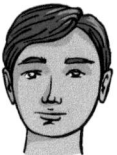

tête

cabeza

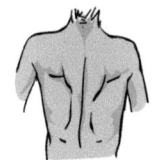

dos

espalda

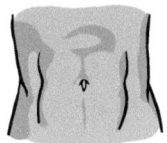

ventre

panza

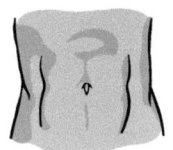

nombril

ombligo

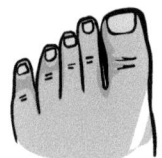

orteil

dedo del pie

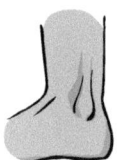

talon

talón

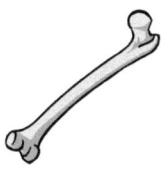

os

hueso

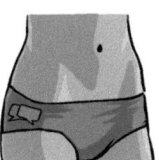

hanche

cadera

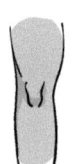

genou

rodilla

coude

codo

nez

nariz

fesses

cola

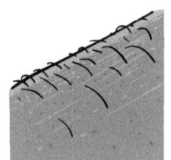

peau

piel

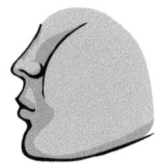

joue

cachete

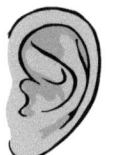

oreille

oreja

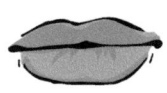

lèvre

labio

bouche

boca

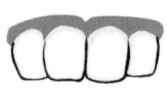

dent

diente

langue

lengua

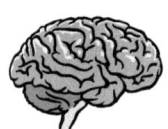

cerveau

cerebro

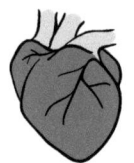

cœur

corazón

muscle

músculo

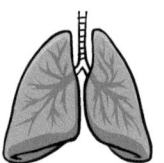

poumons

pulmón

foie

hígado

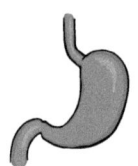

estomac

estómago

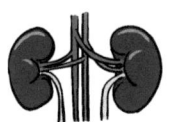

reins

riñones

rapport sexuel

sexo

préservatif

preservativo

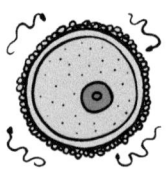

ovule

óvulo

sperme

semen

grossesse

embarazo

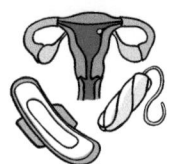

menstruation

menstruación

vagin

vagina

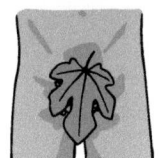

pénis

pene

sourcil

ceja

cheveux

pelo

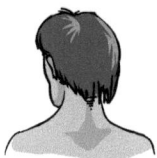

cou

cuello

hôpital
hospital

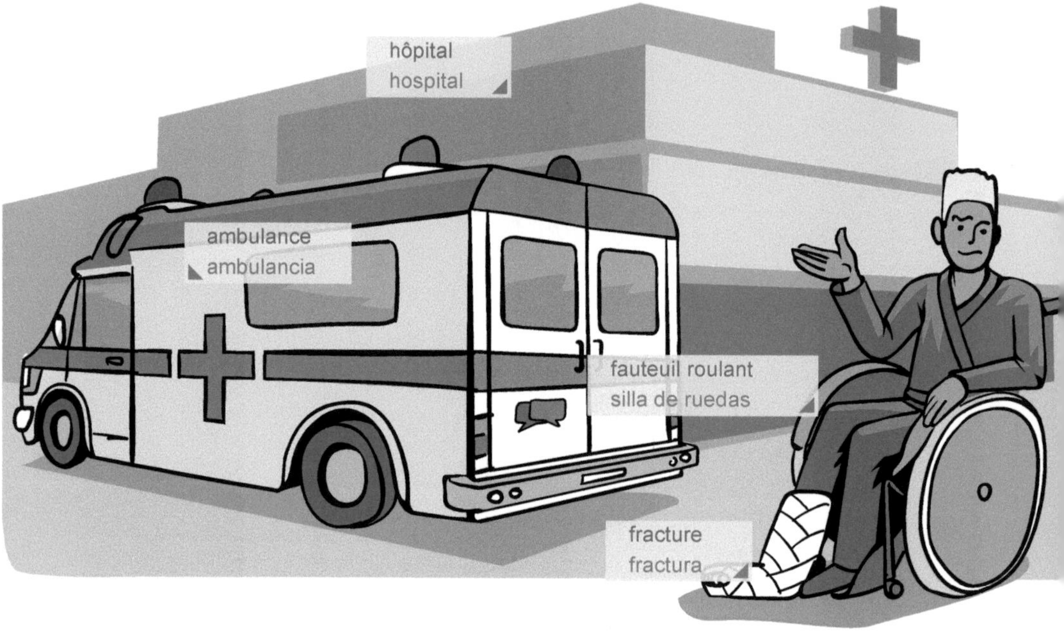

hôpital
hospital
ambulance
ambulancia
fauteuil roulant
silla de ruedas
fracture
fractura

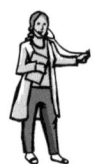

médecin

médico

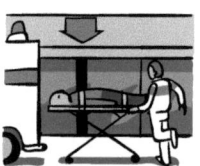

service des urgences

sala de guardia

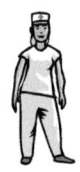

infirmière

enfermera

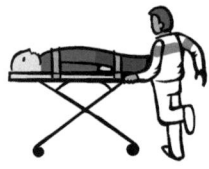

urgence

emergencia

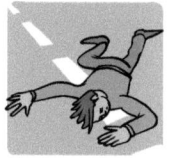

inconscient

inconsciente

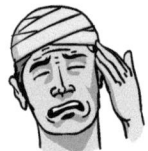

douleur

dolor

blessure

lesión

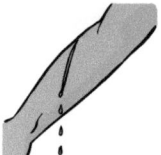

hémorragie

hemorragia

crise cardiaque

infarto

attaque cérébrale

ACV

allergie

alergia

toux

tos

fièvre

fiebre

grippe

gripe

diarrhée

diarrea

mal de tête

dolor de cabeza

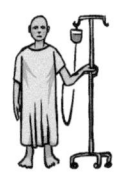

cancer

cáncer

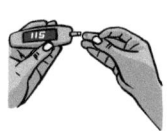

diabète

diabetes

chirurgien

cirujano

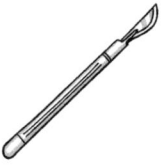

scalpel

bisturí

opération

operación

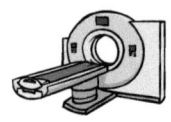

CT
TC

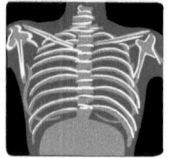

radiographie
rayos x

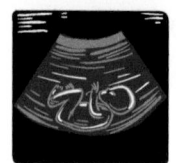

échographie
ecografía

masque
barbijo

maladie
enfermedad

salle d'attente
sala de espera

béquille
muleta

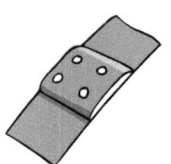

pansement
curita

pansement
venda

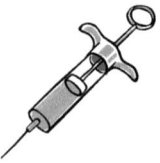

injection
inyección

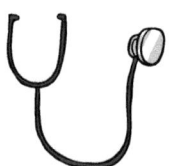

stéthoscope
estetoscopio

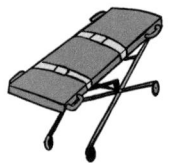

brancard
camilla

thermomètre
termómetro

accouchement
nacimiento

surcharge pondérale
sobrepeso

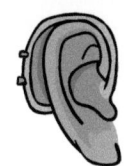

appareil auditif

audífono

désinfectant

desinfectante

infection

infección

virus

virus

VIH / sida

VIH / SIDA

médicament

remedio

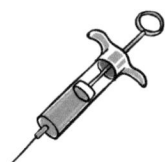

vaccination

vacunación

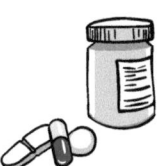

comprimés

comprimidos

pilule

pastilla anticonceptiva

appel d'urgence

llamada de emergencia

tensiomètre

tensiómetro

malade / sain

enfermo / sano

Au secours !

¡Ayuda!

assaut

agresión

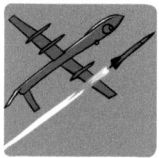

attaque

ataque

danger

peligro

sortie de secours

salida de emergencia

extincteur

matafuego

accident

accidente

Au feu!

¡Fuego!

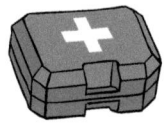

trousse de premier secours

botiquín de primeros auxilios

SOS

SOS

police

policía

Europe

Europa

Amérique du Nord

América del Norte

Amérique du Sud

América del Sur

Afrique

África

Asie

Asia

Australie

Australia

Océan atlantique

Atlántico

Océan pacifique

Pacífico

Océan indien

Océano Índico

Océan antarctique

Océano Antártico

Océan arctique

Océano Ártico

pôle nord

polo norte

pôle sud

polo sur

Antarctique

Antártida

terre

Tierra

pays

tierra

mer

mar

île

isla

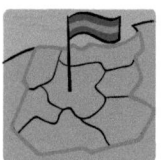

nation

nación

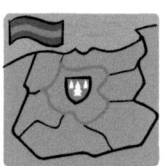

état

estado

cadran

esfera

aiguille des heures

manecilla de las horas

aiguille des minutes

minutero

aiguille des secondes

segundero

Quelle heure est-il ?

¿Qué hora es?

jour

día

temps

hora

maintenant

ahora

montre digitale

reloj digital

minute

minuto

heure

hora

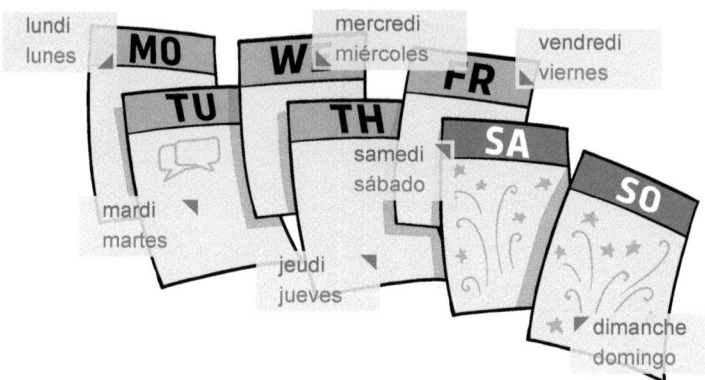

lundi / lunes — MO
mardi / martes — TU
mercredi / miércoles — W
jeudi / jueves — TH
vendredi / viernes — FR
samedi / sábado — SA
dimanche / domingo — SO

hier
ayer

aujourd'hui
hoy

demain
mañana

matin
mañana

midi
mediodía

soir
tarde

jours ouvrables
días hábiles

week-end
fin de semana

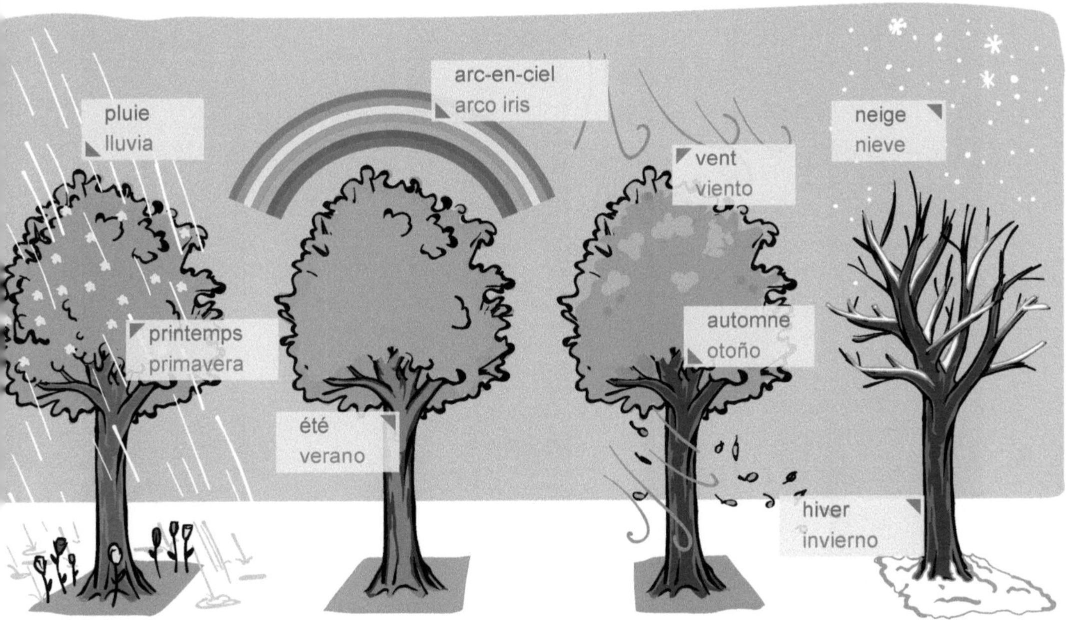

pluie
lluvia
arc-en-ciel
arco iris
vent
viento
neige
nieve
printemps
primavera
été
verano
automne
otoño
hiver
invierno

4.APRIL 11°
5.APRIL 4°
6.APRIL 13°
7.APRIL 8°
8.APRIL 10°

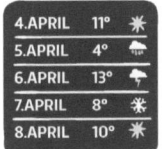

météo

pronóstico meteorológico

F C
120 40
90 30
60 20
30 10
0 0
-30 -10
-20

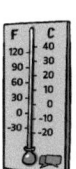

thermomètre

termómetro

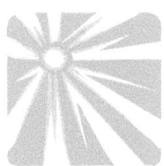

lumière du soleil

luz del sol

nuage

nube

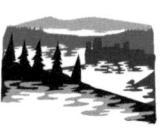

brouillard

niebla

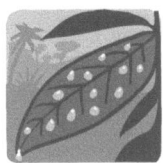

humidité

humedad

foudre
rayo

tonnerre
trueno

tempête
tormenta

grêle
granizo

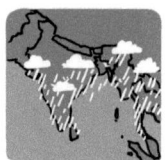

mousson
monzón

inondation
inundación

glace
hielo

janvier
enero

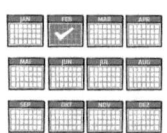

février
febrero

mars
marzo

avril
abril

mai
mayo

juin
junio

juillet
julio

août
agosto

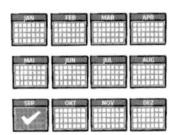

septembre
septiembre

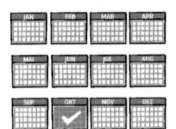

octobre
octubre

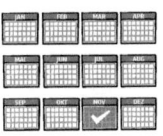

novembre
noviembre

décembre
diciembre

formes
formas

cercle
círculo

carré
cuadrado

rectangle
rectángulo

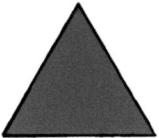

triangle
triángulo

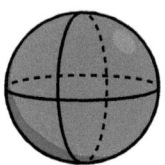

sphère
esfera

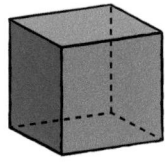

cube
cubo

couleurs

colores

blanc

blanco

jaune

amarillo

orange

naranja

rose

rosa

rouge

rojo

violet

violeta

bleu

azul

vert

verde

marron

marrón

gris

gris

noir

negro

beaucoup / peu

mucho / poco

fâché / calme

enojado / tranquilo

joli / laid

lindo / feo

début / fin

principio / fin

grand / petit

grande / chico

clair / obscure

claro / oscuro

frère / soeur

hermano / hermana

propre / sale

limpio / sucio

complet / incomplet

completo / incompleto

jour / nuit

día / noche

mort / vivant

muerto / vivo

large / étroit

ancho / angosto

comestible / incomestible

comestible / no comestible

méchant / gentil

malo / amable

excité / ennuyé

entusiasmado / aburrido

gros / mince

gordo / flaco

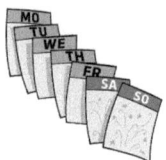

premier / dernier

primero / último

ami / ennemi

amigo / enemigo

plein / vide

lleno / vacío

dur / souple

duro / blando

lourd / léger

pesado / liviano

faim / soif

hambre / sed

malade / sain

enfermo / sano

illégal / légal

ilegal / legal

intelligent / stupide

inteligente / estúpido

gauche / droite

izquierda / derecha

proche / loin

cerca / lejos

nouveau / usé

nuevo / usado

rien / quelque chose

nada / algo

vieux / jeune

viejo / joven

marche / arrêt

encendido / apagado

ouvert / fermé

abierto / cerrado

faible / fort

silencioso / ruidoso

riche / pauvre

rico / pobre

correct / incorrect

correcto / incorrecto

rugueux / lisse

áspero / suave

triste / heureux

triste / contento

court / long

corto / largo

lent / rapide

lento / rápido

mouillé / sec

mojado / seco

chaud / froid

caliente / frío

guerre / paix

guerra / paz

0

zéro

cero

1

un / une

uno

2

deux

dos

3

trois

tres

4

quatre

cuatro

5

cinq

cinco

6

six

seis

7

sept

siete

8

huit

ocho

9

neuf

nueve

10

dix

diez

11

onze

once

12
douze
doce

13
treize
trece

14
quatorze
catorce

15
quinze
quince

16
seize
dieciséis

17
dix-sept
diecisiete

18
dix-huit
dieciocho

19
dix-neuf
diecinueve

20
vingt
veinte

100
cent
cien

1.000
mille
mil

1.000.000
million
millón

langues
idiomas

anglais

inglés

anglais américain

inglés americano

chinois mandarin

chino mandarín

hindi

hindi

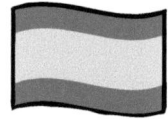

espagnol

español

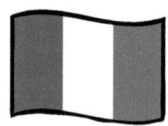

français

francés

arabe

árabe

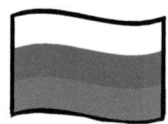

russe

ruso

portugais

portugués

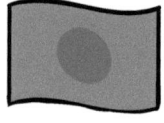

bengali

bengalí

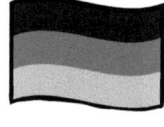

allemand

alemán

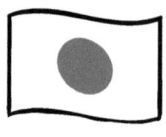

japonais

japonés

je

yo

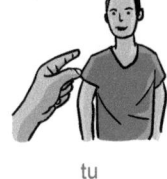

tu

vos

il / elle / ce, c', cela

él / ella

nous

nosotros

vous

ustedes

ils / elles

ellos

Qui ?

¿quién?

Quoi ?

¿qué?

Comment ?

¿cómo?

Où ?

¿dónde?

Quand ?

¿cuándo?

nom

nombre

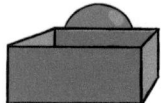

derrière

detrás

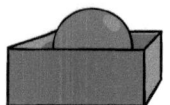

dans

en

devant

adelante de

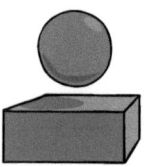

au-dessus

por encima de

sur

sobre

en-dessous

debajo de

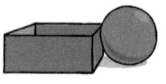

à côté de

al lado de

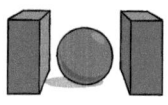

entre

entre

lieu

lugar